1886 février 17

VUES DE VENISE

TABLEAUX & AQUARELLES

PAR

AMÉDÉE ROSIER

<table>
<tr><td>Me Léon TUAL</td><td>M. BERNHEIM Jeune</td></tr>
<tr><td>COMMISSAIRE-PRISEUR</td><td>EXPERT</td></tr>
</table>

CATALOGUE

Vues de Venise

TABLEAUX ET AQUARELLES

PAR

AMÉDÉE ROSIER

VENTE

A L'HOTEL DROUOT, SALLE Nº 5

Le Mercredi 17 Février 1886, à 3 heures précises

Par le ministère de Mᵉ **LÉON TUAL**, commissaire-priseur
56, rue de la Victoire, 56

Assisté de **M. BERNHEIM jeune**, expert
8, rue Laffitte, 8

EXPOSITION PARTICULIÈRE
Galerie BERNHEIM jeune, 8, rue Laffitte
Le Lundi 15 Février 1886, de 1 heure à 6 heures

EXPOSITION PUBLIQUE
HOTEL DROUOT
Le Mardi 16 Février 1886, de 1 heure 1/2 à 5 heures 1/2

Ce Catalogue se distribue à Paris :

Chez Me **LÉON TUAL**, commissaire - priseur,

56, rue de la Victoire, 56

Chez **M. BERNHEIM jeune**, expert,

8, rue Laffitte, 8.

CONDITIONS DE LA VENTE

La vente aura lieu expressément au comptant.

Les acquéreurs payeront en sus des enchères *cinq pour cent* applicables aux frais.

Paris. — Imprimerie de l'Art. E. MÉNARD et J. AUGRY,
41, rue de la Victoire, 41.

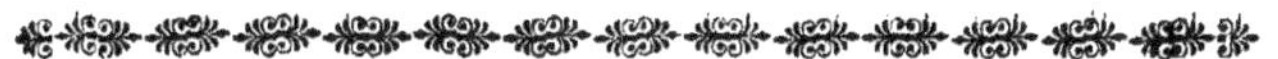

DÉSIGNATION

TABLEAUX

I — *Barques de Choggia sortant du port.*

Salon de 1885.

Haut., 83 cent.; larg., 1 m. 10 cent.

2 — *Venise le matin.*

Haut., 38 cent.; larg., 52 cent.

3 — *Vue générale de Venise.*

Haut., 38 cent.; larg., 57 cent.

4 — *Soleil couchant ; Venise.*

Haut., 29 cent.; larg., 40 cent.

5 — *La Passe de Malamocco ; environs de Venise.*

> Haut., 3o cent.; larg., 38 cent.

6 — *Vue de Venise.*

> Haut , 26 cent.; larg., 38 cent.

7 — *Dans la lagune; effet de nuit.*

> Haut., 39 cent.; larg., 27 cent.

8 — *Venise vue du Jardin public.*

> Haut., 23 cent.; larg., 31 cent.

9 — *Venise vue du quai des Esclavons.*

> Haut , 21 cent.; larg., 35 cent.

10 — *Bragossi devant Venise.*

> Haut., 26 cent.; larg., 23 cent.

11 — *L'Église Saint-Georges-Majeure.*

> Haut., 25 cent.; larg., 23 cent.

12 — *Le Quai des Zattere; lever de lune.*

Haut., 20 cent.; larg., 24 cent,

13 — *L'Église des Jesuati dans la Giudecca.*

Haut., 25 cent.; larg., 31 cent.

14 — *Vue prise du Jardin public le matin.*

Haut., 30 cent.; larg., 44 cent.

15 — *Venise le matin.*

Haut., 29 cent.; larg., 37 cent.

16 — *Pêcheurs dans la lagune ; soleil couchant.*

Haut., 27 cent.; larg., 36 cent.

17 — *Barque de pêche; soleil couchant.*

Haut., 26 cent.; larg., 33 cent.

18 — *La Piazzetta, à Venise.*

Haut., 25 cent.; larg., 32 cent.

19 — *L'Église Santa Maria della Salute.*

Haut., 24 cent.; larg., 34 cent.

20 — *Le Peninsulare devant Venise.*

Haut., 37 cent.; larg., 29 cent.

21 — *Dans la lagune; effet de lune.*

Haut., 44 cent.; larg., 30 cent.

22 — *Navire marchand dans la passe, à Venise.*

Haut., 36 cent.; larg., 28 cent.

23 — *Venise le matin.*

Haut., 26 cent.; larg., 30 cent.

24 — *Barques de pêche, à Venise.*

Haut., 25 cent.; larg., 35 cent.

25 — *L'Église Saint-Georges-Majeure.*

Haut., 36 cent.; larg., 27 cent,

26 — *Entrée du Grand Canal ; effet de lune.*

> Haut., 29 cent.; larg., 28 cent.

27 — *Brigantin devant Venise.*

> Haut., 38 cent.; larg., 52 cent.

28 — *Navire marchand au mouillage (Venise).*

> Haut., 37 cent.; larg., 55 cent.

29 — *Le Canal Saint-Marc, à Venise.*

> Haut., 45 cent.; larg., 38 cent.

30 — *La Plage de Villerville.*

> Haut., 38 cent.; larg., 57 cent.

31 — *Soleil couchant dans la lagune.*

> Haut., 37 cent. 1/2 ; larg., 28 cent. 1/2.

32 — *Vue générale de Venise.*

> Haut., 25 cent. 1/2; larg., 34 cent. 1/2.

33 — *Dans la Giudecca, à Venise, le matin.*

Haut., 48 cent.; larg., 31 cent.

34 — *Clair de lune dans le canal Saint-Marc.*

Haut., 60 cent.; larg., 81 cent. 1/2.

35 — *Soleil couchant ; environs de Venise.*

Haut., 35 cent.; larg., 48 cent.

36 — *Barques de pêche, à Chioggia.*

Haut., 31 cent. 1/2; larg., 41 cent. 1/2.

37 — *Le Grand Canal le matin (Venise).*

Haut., 26 cent.; larg., 41 cent.

38 — *Coucher de soleil; environs de Venise.*

Haut., 36 cent. 1/2 ; larg., 28 cent. 1/2.

39 — *Dans le canal San Pietro, à Venise.*

Haut., 43 cent. 1/2; larg., 29 cent. 1/2.

40 — *Bateaux de pêche mouillés devant Venise.*

Haut., 28 cent. 1/2 ; larg., 36 cent. 1/2.

41 — *Canal San Giovanni e Paolo.*

Haut., 29 cent.; larg., 43 cent. 1/2.

42 — *Barques de Chioggia.*

Haut., 24 cent. 1/2 ; larg., 34 cent. 1/2.

43 — *Soleil couchant ; vue du Lido.*

Haut., 24 cent.; larg., 16 cent.

44 — *Vue de Venise le matin.*

Haut., 22 cent.; larg., 32 cent.

45 — *Venise vue du Jardin public.*

Haut., 27 cent.; larg., 35 cent. 1/2.

46 — *Saint-Georges dans la Giudecca.*

Haut., 26 cent. 1/2 ; larg., 40 cent.

47 — *Le Jardin public le soir.*

> Haut., 22 cent.; larg., 32 cent. 1/2.

48 — *L'Église Saint-Georges-Majeure.*

> Haut., 20 cent.; larg., 28 cent. 1/2.

49 — *Soleil levant sur la lagune.*

> Haut., 18 cent. 1/2; larg., 28 cent. 1/2.

50 — *Bragossi devant Venise.*

> Haut., 27 cent.; larg., 41 cent.

51 — *Crépuscule, à Venise.*

> Haut., 33 cent. 1/2; larg., 50 cent.

52 — *Venise vue de la rue Garibaldi.*

> Haut., 25 cent.; larg., 53 cent.

AQUARELLES

53 — *Dans le canal San Giovanni, à Venise.*

Haut., 29 cent. 1/2; larg., 22 cent. 1/2.

54 — *Crépuscule dans le canal Saint-Marc.*

Haut., 38 cent.; larg., 28 cent.

55 — *Soleil couchant ; Venise.*

Haut., 20 cent.; larg., 13 cent.

56 — *Quartier Dorsoduro, à Venise.*

Haut., 32 cent.; larg., 23 cent.

57 — *Intérieur de l'église cathédrale, à Rouen.*

Haut., 29 cent.; larg., 25 cent. 1/2.

58 — *Un Canal à Venise.*

Haut., 26 cent.; larg., 19 cent.

59 — *Soleil couchant ; environs de Venise.*

Haut., 26 cent.; larg., 19 cent.

60 — *Église Santa Maria della Salute.*

Haut., 31 cent.; larg., 20 cent.

61 — *Dans la lagune.*

Haut., 21 cent.; larg., 12 cent. 1/2.

62 — *Le Canal Saint-Marc ; soleil couchant.*

Haut., 28 cent. 1/2; larg., 21 cent. 1/2.

63 — *Dans le canal della Giudecca.*

Haut., 34 cent. 1/2; larg., 24 cent. 1/2.

64 — *Au Jardin public (Venise).*

Haut., 31 cent.; larg., 22 cent.

65 — *Dans la Giudecca (Venise).*

Haut., 36 cent.; larg., 26 cent. 1/2.

66 — *Dans le canal Saint-Marc.*

Haut., 28 cent.; larg., 13 cent.

67 — *Canal dans le Campo Trovaso.*

Haut., 14 cent.; larg., 14 cent.

68 — *La Statue du Colleone (Venise).*

Haut., 34 cent. 1/2; larg., 24 cent. 1/2.

69 — *Dans le canal della Giudecca.*

Haut., 35 cent.; larg., 25 cent.

70 — *Venise vue du Jardin public.*

Haut., 37 cent.; larg., 23 cent. 1/2.

71 — *Sotto Portico aux Zattere (Venise).*

Haut., 28 cent. 1/2; larg., 20 cent. 1/2.

72 — *L'Église Saint-Georges-Majeure.*

Haut., 27 cent. 1/2; larg., 19 cent. 1/2.

73 — *La Rue de l'Épicerie, à Rouen.*

> Haut., 34 cent.; larg., 22 cent. 1/2.

74 — *Vue de Rouen ; chanteur ambulant.*

> Haut., 38 cent.; larg., 26 cent.

75 — *Intérieur de l'église cathédrale de Rouen.*

> Haut., 34 cent. 1/2; larg., 25 cent. 1/2.

76 — *Sous la Grosse Horloge, à Rouen.*

> Haut., 29 cent. 1/2 ; larg., 23 cent.

77 — *Le Vieux Pont suspendu, à Rouen.*

> Haut., 32 cent. 1/2 ; larg., 22 cent. 1/2.

78 — *Le Peninsulare devant Venise.*

> Haut., 23 cent.; larg., 18 cent.

79 — *Venise vue du canal Saint-Georges.*

> Haut., 27 cent.; larg., 35 cent.

80 — *L'Église Santa Maria dei Miracoli.*

Haut., 37 cent.; larg., 18 cent.

81 — *Le Palais Contarini, à Venise.*

Haut., 5o cent.; larg., 19 cent. 1/2.

82 — *La Tour de la Grosse Horloge, à Rouen.*

Salon de 1885.

Haut., 82 cent.; larg., 6o cent.

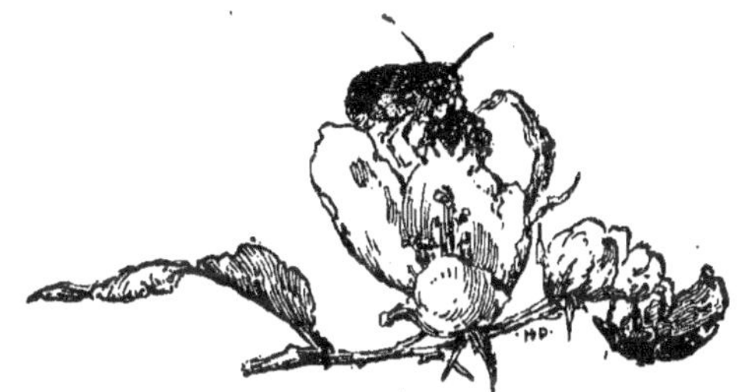

www.ingramcontent.com/pod-product-compliance
Lightning Source LLC
LaVergne TN
LVHW010907180726
843502LV00010B/4011